LOUIS SPOHR

CONCERTO No. 1
KONZERT Nr. 1

For Clarinet and Orchestra / Für Klarinette und Orchester

Opus 26

C minor / c-Moll

Edition for Clarinet and Piano by / Ausgabe für Klarinette und Klavier von
Friedrich Demnitz

EIGENTUM DES VERLEGERS · ALLE RECHTE VORBEHALTEN
ALL RIGHTS RESERVED

EDITION PETERS
London · Frankfurt/M. · Leipzig · New York

KONZERT
für Klarinette und Orchester

Louis Spohr (1784-1859) op. 26
Klavierauszug von Friedrich Demnitz

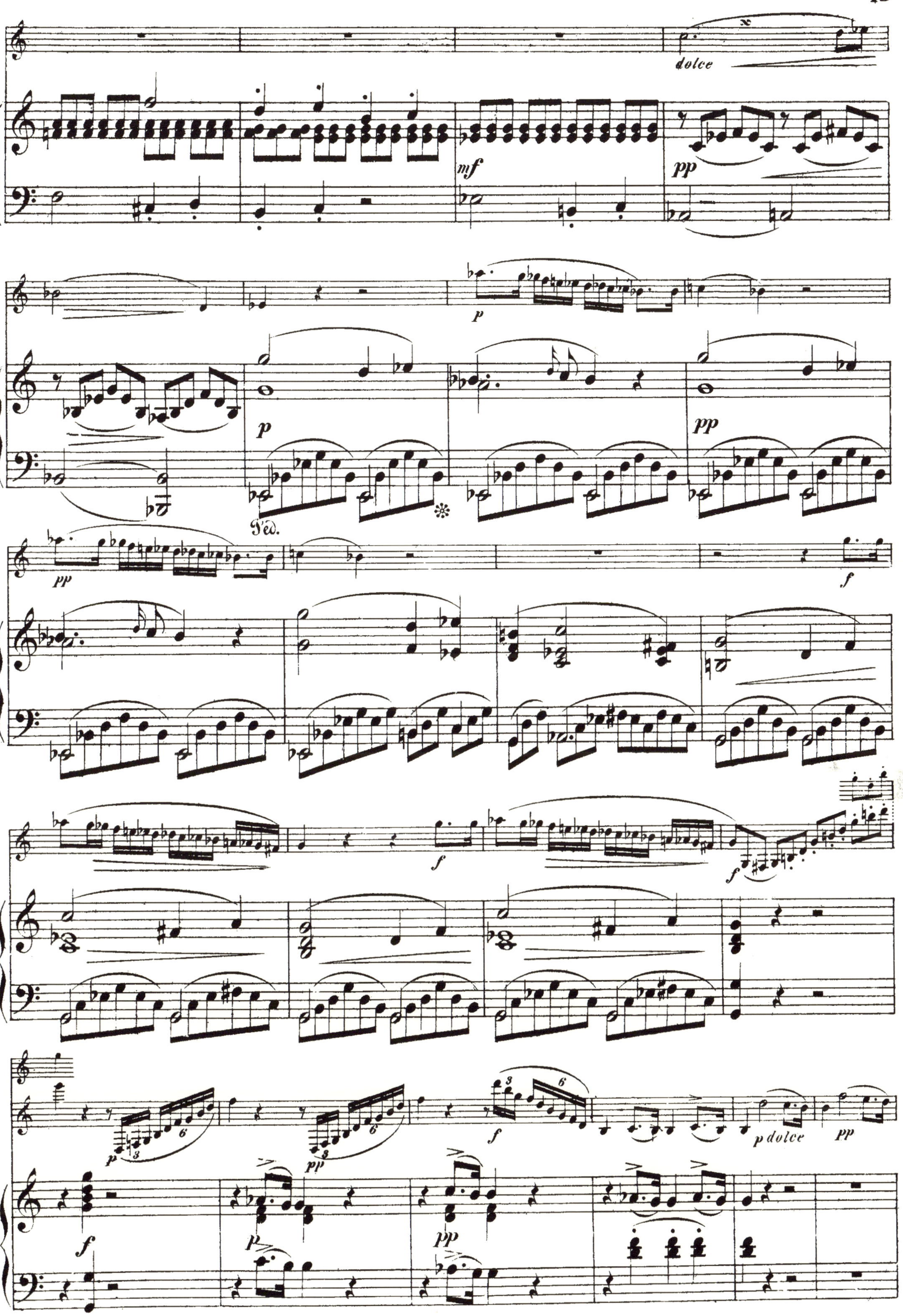
dolce
mf
pp
p
pp
Ped.
pp
pp
f
f
f
p
pp
f
f
pp
p dolce
pp

Klarinette in B

KONZERT
für Klarinette und Orchester

Louis Spohr (1784-1859) op. 26
Klavierauszug von Friedrich Demnitz

Klarinette in B

Klarinette in B

Klarinette in B

Klarinette in B

Klarinette in B

RONDO.
Vivace.